Todo lo que un chico necesita saber

Un libro para chicos entre 10 y 13 años

edición 2021 March
ISBN: 9798718767872

Copyright © 2021 T. Breise

Email:tbreise@buch-autoren.de
Impressum:
T. Breise
c/o Werneburg Internet Marketing und Publikations-Service
Philipp-Kühner-Straße 2
99817 Eisenach
Design: M.M. Photography
Pictures: Pixabay.com Photography
Shutterstock.com

T. Breise

Todo lo que un chico necesita saber

Un libro para chicos entre 10 y 13 años

Tabla de contenido

Prólogo

Convertirse en adulto es algo importante. Este tema es, probablemente, una de las mayores aventuras que una persona puede llegar a tener. Imagina esta aventura como un viaje en el que no sólo te conoces a ti mismo, sino donde también podrás descubrir diversos asuntos muy emocionantes. Verás muchas cosas por primera vez en la pubertad (que es el momento en que los chicos y chicas se convierten en hombres y mujeres). Cuanto mejor conozcas esta aventura, menos sorpresas desagradables podrás recibir. Por eso deberías leer este libro. Aquí se explica todo lo que necesitas saber para cuando ya estás en camino o justo antes de tu viaje de niño a adulto. La pubertad es el fin de la infancia. Tal vez no puedas esperar hasta que te afeites y tengas una voz masculina. Aunque, por otra parte, podrías anhelar jugar a los juegos de niños y divertirte en el patio de recreo.

El tiempo no siempre será fácil. Muchos de las cosas que cambian puede que te gusten. Aunque otros cambios son menos agradables. Experimentarás que tu cuerpo y tus sentimientos pueden sentirse repentinamente extraños. Algunos de pronto se ven completamente diferentes. Incluso los pasatiempos que te emocionaban de niño podrían aburrirte sin ninguna razón. En la pubertad, tus pensamientos y sentimientos van en una montaña rusa y tienes que acompañarlos.

No tienes que estar solo durante la pubertad. Habla con tus padres sobre todo lo que te conmueve. Tal vez quieras leer este libro con ellos. Los abuelos también pueden ser muy buenos aliados para la pubertad. Un hermano o hermana mayor puede responder a tus preguntas y ayudarte cuando la pubertad haya pasado. Si tienes grandes preocupaciones, también puedes contactar con un centro de asesoramiento para jóvenes. El personal de allí te aconsejará sin conocer tu nombre. Esto significa "asesoramiento anónimo". Además, las asesorías no cuestan nada de dinero. Puedes encontrar las direcciones y los números de teléfono en Internet.

La mayoría de la gente pasa la pubertad bastante bien. Cuando sabes lo que te está ocurriendo, es mucho más fácil. Lee este libro como quieras, algunos capítulos puede leerlos varias veces y otros, sólo una o dos veces.

Puedes subrayar lo que te parezca particularmente importante. Piensa en este libro cuando las cosas se pongan demasiado difíciles para ti. Verás que la pubertad no es tan difícil y todos los adultos la han logrado. Lo superarás y, al final, te convertirás en un verdadero hombre.

¿Cómo crecen los chicos?

Todo el mundo quiere crecer. Por fin pueden decidir por sí mismos lo que quieren comer, elegir su propia ropa y ya no se les dice cuándo deben estar en casa. Esas son las mejores perspectivas. Pero cuando la pubertad realmente comienza, algunas cosas ya no se ven tan color de rosa. El cuerpo cambia y, a veces, tus brazos y piernas no hacen lo que quieres que hagan. Tus sentimientos también crecen. Tus juguetes favoritos se convierten en cosas de niños y tus mejores amigos de repente te parecen tontos.

Nada permanece igual que antes. La escuela, la familia, los amigos, todo se vuelve un poco diferente. La pubertad es el fin de la infancia. No es algo que sucede de inmediato. Nadie acciona un interruptor y, de pronto, eres un adulto. Es más como una constante ida y vuelta. Los fines de semana te sientes como un tipo fuerte que está listo para enfrentarse a los adultos y, dos o tres días después, tienes ganas de llorar y estás feliz de estar acurrucado con tu madre. Esto es perfectamente normal. Los momentos en que te sientes como un adulto son cada vez más largos y las fases de la niñez son cada vez más cortas. Te llevará casi diez años convertirte realmente en un adulto. Pero no te preocupes. Los años entre el comienzo de la pubertad y alrededor de los 18 años son los más estresantes. Los últimos años de la pubertad suelen transcurrir sin mucho esfuerzo. La pubertad está ahí para convertirte en un ser reproductivo. Esto significa que, en algún momento, se produce la primera eyaculación. A partir de este momento, un niño debe pensar en la anticoncepción, ya que la proximidad sexual con una niña puede llevar al nacimiento de un hijo. Aunque el sexo aún está muy lejos, la pubertad se trata principalmente de preparar al chico para ello. La pubertad asegura que un niño pueda convertirse en padre si así lo desea. En cualquier caso, al final de la pubertad, habrá un hombre adulto que es capaz de moldear su vida y ocuparse de sus propios asuntos. Sin embargo, pasará mucho tiempo antes de que eso suceda.

¿Cuándo suceden los cambios en la pubertad?

La pubertad empieza un poco más tarde en los chicos que en las chicas. Comienza alrededor de los 12 años. La mayoría de los chicos lo notan cuando de repente, de la nada, no pueden dejar de reírse. O están tristes sin saber la razón. También es posible que chicos muy pacíficos y tranquilos se comporten de forma agresiva sin tener ningun motivo. A veces, sus notas en la escuela empeoran o, de pronto, comienzan a discutir con sus padres.

Muchos chicos se preocupan de si se volverán lo suficientemente varoniles para complacer a una chica. Otros, no saben cómo lidiar con todos sus sentimientos. La pubertad, a veces, se parece a una montaña rusa. En una situación, tienes la sensación de que todo está sucediendo demasiado rápido. La razón de todos esos pensamientos y sentimientos se debe a las hormonas.

Los niños y las niñas son iguales al principio de la pubertad, cuando su cerebro libera GnRH (hormona liberadora de gonadotropina). Nadie necesita recordar ese nombre, pero deberías haberlo visto al menos una vez. Esta hormona actúa como una señal de inicio. A partir de ahora, empieza la pubertad. Esta hormona estimula la glándula pituitaria. Hay una liberación de otras hormonas, a saber, Folitropina FSH y Lutropina LH. Estas dos estimulan la producción de células de espermatozoides. A esto le sigue la producción de testosterona. Esta es la hormona conocida como la "hormona de la masculinidad".

La testosterona también estimula el crecimiento. Los chicos de repente se vuelven más grandes y pesados que las chicas de su clase. Estas muchas hormonas también estimulan las glándulas sebáceas de la piel. Pueden aparecer espinillas y puntos negros. El sudor también cambia. Los chicos ahora sudan más y el sudor huele más desagradable que antes. Los niños a menudo experimentan, durante este tiempo, que las madres y los padres les gusta enviarlos a la ducha todo el tiempo. El chico no suele notar su olor en absoluto. Debido al fuerte olor, deberías ventilar tu habitación regularmente, especialmente si esperas que te visite una chica.

La testosterona es el detonante de la agresividad. Debido a que los chicos tienen más testosterona que las chicas, a menudo se enfadan más rápido. Es más probable que se desvíen de la racionalidad. Muchas chicas se asustan por estos fenómenos. Es perfectamente normal ser un niño y convertirse en hombre, pero lo realmente importante es que la ira y el poder que sientes nunca lo dirijas contra las personas. El deporte es la mejor manera de deshacerse de la agresividad.

Resumamos este capítulo de nuevo:

1. La pubertad es una cuestión de hormonas.

2. La producción de testosterona aumenta durante la pubertad.

3. Cambios en la transpiración debido a las hormonas.

4. La testosterona también es responsable de que los niños sean

más fuertes y, a menudo, más agresivos que las niñas (aun así, hay excepciones a esta regla).

Cuando el cuerpo se convierte en el cuerpo de un hombre

Nadie puede ver las muchas emociones que se experimentan durante la pubertad. Los cambios en el cuerpo son más notorios y te mantienen ocupado durante unos años. Y no se trata sólo del hecho de que eventualmente serás sexualmente maduro. Significa que eres capaz de ser padre de un niño. Hay muchas otras características que distinguen a los hombres de las mujeres. Éstas incluyen la fuerza física y una voz profunda.

Los hombres también suelen ser más altos que las mujeres. Tienen pies más grandes y, generalmente, pueden llevar cargas más pesadas que las mujeres. En los deportes, las mujeres adultas y los hombres adultos están separados. Esto se debe a que los hombres son físicamente superiores a las mujeres. Los hombres tienen alrededor de un 50 por ciento más de masa muscular que las mujeres, pero, en cambio, ellas tienen más tejido graso. La razón de esto es bastante simple. Nuestros antepasados, los hombres primitivos, repartían sus tareas. Era realmente importante la crianza de la descendencia. Las mujeres tenían que acumular reservas físicas para que el bebé no muriera de hambre. Los hombres eran responsables de la caza. Tenían que ser capaces de correr rápido y enfrentarse a la presa. Incluso hoy en día, las diferentes formas del cuerpo muestran la división del trabajo del pasado. Una competición entre las mujeres contra los hombres no sería justa.

En los siguientes capítulos puedes leer qué características físicas sufren un cambio durante la pubertad. Si te apetece, ¿por qué no consigues un diario en el que puedas anotar cómo se desarrolla tu cuerpo? Sin duda, será un placer poder leer sobre ello más tarde. Quién sabe, tal vez algún día seas padre y puedas mostrarle a tu hijo en la pubertad cómo te fue en esa emocionante fase de tu vida.

Músculos

Si deseas mejorar tu nivel de condición física, no hagas entrenamiento con pesas durante la pubertad hasta que tus músculos estén completamente desarrollados. Más bien realiza ejercicios de fitness y entrenamiento de resistencia.

Un cuerpo musculoso y bien entrenado es el objetivo de muchos hombres. Durante la pubertad, el crecimiento de la longitud comienza primero. Los brazos y las piernas se alargan. Es por eso que un chico, a veces, parece un palillo de dientes. Sus brazos y piernas cuelgan y apenas tienen músculos. No deberías ponerte nervioso por eso ahora. Puedes ayudar un tanto a los músculos haciendo un poco de deporte. Sin embargo, no debes ir a un gimnasio hasta que estés completamente desarrollado. Los deportes como la natación, el fútbol, el trote o el ciclismo son mucho mejores. Aquí se entrena todo el cuerpo. Puedes hablar con tu médico o con tus padres si quieres hacer algo para fortalecer tus músculos. En cualquier caso, mantén tus manos alejadas de los muchos suplementos dietéticos o de la nutrición deportiva. La pubertad es un proceso completamente natural, y el cuerpo lo manejará por sí mismo si te aseguras una dieta saludable y practicas ejercicios con regularidad.

Por cierto, tener muchos músculos tiene una gran ventaja. Quemas muchas calorías para mantenerte a ti mismo. Los músculos son pequeñas plantas de energía en el cuerpo. Tenerlos significa que el cuerpo siempre estará bien y a una temperatura aceptable. Las chicas cogen frío más rápido que los chicos, porque tienen menos músculo. Además, los chicos no aumentan de peso tan rápido como las chicas. El cuerpo simplemente no está diseñado para abastecerse, debido a que los chicos no se embarazan.

Cada chico se desarrolla a un ritmo diferente

Tu cuerpo se vuelve masculino y fuerte por sí mismo. La biología lo ha establecido de esa manera. Así que ten paciencia, incluso si otros chicos son más grandes o más fuertes que tú. Siempre hay diferencias entre las personas. Eso es bueno. Cada chica tiene una imagen diferente de su Príncipe Azul. Si tus músculos no son tan fuertes como los de otros chicos, seguro que eres más inteligente que otro. También experimentarás rachas de crecimiento. No es raro que el niño más pequeño de la clase se convierta en el más grande y fuerte en muy pocos meses. Todo el mundo tiene fortalezas y debilidades. Si quieres saber dónde estás, escribe tus puntos fuertes y débiles. Notarás que ambos lados están en equilibrio.

La genética también juega un gran papel en cómo te verás como hombre. Si tienes padres de constitución blanda, puede ser que no te conviertas en un Schwarzenegger. Si todos en tu familia son fuertes, es más probable que tú también lo seas.

Voz

El cambio de voz es otra peculiaridad de la pubertad. De repente, la voz se agota y sólo salen chillidos. Si eso sucede durante una conferencia frente a tu clase, de seguro sería algo muy vergonzoso. Además, si de pronto suenas como un pajarito en una discusión, no es una buena sensación. De vez en cuando, cuando tu voz te decepciona, ese momento se llama voz rota. Por lo general, sólo dura unos pocos meses. Nadie puede saber cuán fuerte cambiará tu voz. No hay mucho que puedas hacer al respecto. Tómalo con humor y mantén los nervios. Tu recompensa será una voz masculina agradable y profunda.

En el momento del cambio de voz no debes forzarte a ti mismo ni a tu entorno a cantar. Normalmente, suena terrible. Si realmente disfrutas de cantar, por lo menos espera unos meses hasta que tu voz termine su proceso y, luego, empieza a cantar como de costumbre. Por cierto, en el pasado, algunos chicos tenían que pasar por una intervención física para evitar que entraran en la pubertad y se convirtieran en adultos. De esta manera, los famosos coros de niños podían contar con hermosas voces infantiles sin ser molestados por el cambio de voz. Afortunadamente, tales intervenciones están prohibidas hoy en día.

Cabello

El pelo empieza a brotar por todas partes. No siempre de manera uniforme o igual de fuerte.

Como ya sabes, la testosterona se libera durante la pubertad. Esto hace que el vello crezca repentinamente en muchos lugares del cuerpo. Esto afecta al vello púbico en la zona de los genitales externos, el vello de las axilas y el vello de las piernas, los brazos y el pecho. La barba también comienza a crecer. Al principio, el cabello sigue siendo muy fino y suave. Más tarde, los vellos del pene se volverán más gruesos y comenzarán a rizarse, mientras los vellos de la barba seguirán siendo tan suaves como una pelusa. Más tarde, estos se volverán tan fuertes que pican cuando se tocan. A la mayoría de los chicos les molesta el hecho de que el vello no esté inmediatamente espeso en todas partes de su cuerpo. Los pelos sueltos se ven un poco extraños. Si esto te molesta, puedes afeitarte hasta que el crecimiento del cabello haya aumentado. Pero también puedes mostrar tranquilidad. Después de todo, tus compañeros también están en la pubertad.

Algunos hombres tienen mucho pelo oscuro y otros tienen pocos vellos en sus cuerpos. Mira a los hombres en la piscina. ¿Qué te gusta y qué no te gusta? Depende de ti dejarlo crecer y dónde prefieres afeitarte. Habla con un adulto antes de afeitarte el cuerpo. Necesitas una buena espuma de afeitar, una afeitadora de alta calidad y cuidados para después de afeitarte. Si eres demasiado ahorrador, una mala cuchilla o la crema de afeitar barata podría irritarte la piel. O también podrías acabar con una quemadura de navaja. Realmente duele y no se ve tan bien, aunque no es peligroso. Sin duda alguna, tu padre o tu madre pueden darte algunos consejos, pues se afeitan regularmente y eso le da mucha más experiencia.

A medida que el vello crece en la cara, muchos chicos se preguntan si se podrán afeitar por primera vez. En el pasado, se decía que el crecimiento de la barba era más fuerte si te afeitabas regularmente. Esto es una tontería, pero afeitarse tiene algunas ventajas. A veces parece gracioso, cuando la fina pelusa brota en algunos lugares de la cara y en otros lugares la piel es tan suave como el trasero de un niño. Aquí es donde el afeitado ayuda hasta que la barba crezca por completo. Entonces puedes decidir por ti mismo cómo quieres llevar la barba o si prefieres afeitarte todos los días.

Órganos Genitales

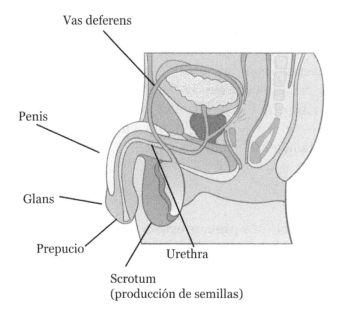

Vas deferens

Penis

Glans

Prepucio

Urethra

Scrotum
(producción de semillas)

Como la pubertad tiene mucho que ver con la madurez sexual, es normal que el pene, los testículos y el escroto crezcan. Relájate si esto no te sucede de inmediato. Todo hombre sano tiene un pene lo suficientemente grande. No te confundas. Cuando tu pubertad esté completa, todo estará bien. Aproximadamente, unos dos años después del inicio de la pubertad, el pene habrá crecido y estará completamente desarrollado.

Al principio de la pubertad, algo más sucede. Se producen erecciones. Eso significa que el pene se endurece y se alarga. Esta es una cualidad importante que un hombre necesita para tener sexo con una mujer. Además, también aparecerán las primeras eyaculaciones. Esto sucede a menudo durante la noche, así que no te preocupes si la cama está húmeda por la mañana. A partir de ahora también es un buen momento para cambiar tu propia ropa de cama. La mayoría de los chicos no quieren que su madre note ninguna de sus eyaculaciones nocturnas. El líquido seminal no contiene ningún esperma al principio, ya que sólo se forman cuando el equilibrio hormonal ha cambiado completamente a "adulto".

Las sensaciones placenteras a uno mismo

Durante este tiempo, la mayoría de los chicos también se dan cuenta que tocar el pene da una buena y cálida sensación.

Empiezas a conocerse a ti mismo. Prueban cómo se les endurece el pene y cómo logran producir la eyaculación por sí mismos. Este juego con su propio pene se llama "masturbación". El término técnico para esto es "onanismo". Algunas personas piensan que no es normal que los chicos se masturben. Es una actitud muy anticuada. Si te gusta hacer tu propia eyaculación (que, por cierto, se llama "orgasmo"), entonces date el gusto. Esto contribuye a aliviar la tensión y a hacer que te acerques más a tu propio cuerpo.

Más adelante experimentarás lo maravilloso que puede ser tener un orgasmo con una mujer. Si tu orgasmo hace que tu semen entre en su vagina, de esa acción puede nacer un bebé. Una vez que quieras probar esto, debes usar un condón para evitar el embarazo.

Tu derecho a tus partes privadas

Los chicos pueden tener ideas divertidas. Miden su pene y comparan los tamaños. O se paran a un lado de la carretera y prueban quién puede hacer el chorro más largo. Si sólo son juegos inofensivos, no hay nada malo en ello. Pero cualquier cosa que no te guste o no quieras hacer, puedes rechazarla, estás en todo tu derecho. Tu cuerpo es íntimo. Nadie puede exigirte nada ni obligarte a hacer algo que no quieras. Si alguien de tu entorno te parece extraño, habla con tus padres sobre ello. Incluso, si te sientes intimidado, no tienes que tener miedo de confiar en tus padres. No hay nadie mejor que ellos para protegerte.

Altura y Peso

Schnelles Wachstum in der Pubertät.

En la pubertad, un chico puede crecer casi 10 centímetros por año. A menudo, un crecimiento acelerado es también el primer indicio de que estás en la pubertad. Así que, si las piernas de tus pantalones y las mangas de tus suéteres de repente se vuelven demasiado cortas, puedes estar feliz. Después de todo, estos son indicios de que tu cuerpo se ha propuesto convertirse en el cuerpo de un hombre. A veces, puede parecer un poco extraño cuando tus brazos y piernas se alargan cada vez más. Se ven mucho más delgados de lo que realmente son. Esto se debe a que los huesos crecen antes de que se hayan formado nuevos músculos. No te preocupes, aún no tienes tu figura final. Por cierto, puedes saber por tu talla de zapatos lo alto que vas a ser. A medida que tus pies crecen, probablemente te convertirás en un hombre bastante grande.

Los brotes de crecimiento que acompañan a la pubertad pueden causar que los huesos y las articulaciones duelan. Algunos chicos se ven muy afectados por esto y se despiertan por la noche con dolor en las piernas. Otros chicos apenas notan nada y pasan completamente desapercibidos. Si los dolores de crecimiento son tan severos y tan estresantes que te sientes cansado y desenfocado durante el día, pídeles a tus padres que te lleven a un médico. Tal vez sepa una forma de aliviar el dolor. Sin embargo, el dolor del crecimiento no es una enfermedad. Son efectos secundarios normales de la pubertad.

El cerebro

La gente solía pensar que el cerebro no puede crecer cuando una persona está en edad escolar. Ahora sabemos que eso no es cierto. En la pubertad, el cerebro también crece. Esto tiene algunas consecuencias para ti. No vas a ser más inteligente o maduro, aunque eso sería una maravilla. Estoy seguro de que sabes que el cerebro tiene muchas conexiones que hacen posible el pensamiento. A medida que el cerebro crece, estas conexiones pueden romperse y tienen que ser reestablecidas. Por eso a menudo estás cansado o no puedes recordar cosas que sabías antes. Muchos chicos se esfuerzan mucho en el colegio y, aún así, todavía tienen malas calificaciones. Algunos se desesperan porque su cerebro no funciona como antes. Puedes ayudar a tu cerebro. Lee mucho y haz música. Esas actividades estimulan al cerebro y crea rápidamente nuevas conexiones. Deja la TV apagada y escucha un audiolibro en su lugar. Consigue un pasatiempo. Sigue alimentando tu cerebro, para que pueda mejorar durante la pubertad.

Cada chico es diferente

Durante la pubertad, los chicos a veces se comparan entre ellos. Algunos ya son grandes y fuertes y tienen una voz como la de un oso, mientras que otros en la misma edad aun todavía son tiernos y están en medio de su cambio de voz. El ritmo de tu pubertad depende de muchos factores, pero no puedes influir en ello. No todos los chicos llegan a la misma meta. No todos los hombres son del mismo tamaño y peso. No todos tienen la misma voz o barba. El pene tampoco es del mismo tamaño. No es diferente con las chicas. Algunas chicas tienen pechos más grandes y otras más pequeños. Otras son un poco más fuertes y unas muy delgadas. Las personas son muy diversas, y solo los gemelos llegan a ser idénticos.

Tal vez tengas un modelo a seguir que admires. Un tipo que se ve realmente genial y que de alguna manera siempre cae bien. O tal vez, te entusiasma un jugador de fútbol o un músico. No está mal, siempre y cuando estés seguro y confiado de que también eres un gran tipo. Eres diferente, pero eso no significa que haya algo malo en ti. Todos somos diferentes. Tal vez puedas emular tu modelo a seguir de una forma u otra. Tal vez el puedas ayudar a los indigentes en tu tiempo libre o tal vez tengas un gran corazón por los animales.

Pensar en los demás te hace feliz y evita que te preocupes por ti mismo. Especialmente, los chicos que no parecen un superhéroe musculoso a primera vista pueden asegurarse de que destaquen positivamente por su comportamiento. Habla con tus amigos sobre los

cambios y no se escondan. La pubertad saca a relucir tus
talentos si aún no los has encontrado.

El alma también se vuelve adulta

Imagina a un hombre adulto que ya tiene dos hijos que actúa y piensa como un niño. Eso sería un tanto extraño. Para evitar que esto suceda, la naturaleza también deja que el alma madure. Ahora palabras como "independencia" y "responsabilidad" o "sentido del deber" de repente empiezan a ser importantes. Eso no suena muy divertido. Así es, no es necesariamente divertido, pero puede ser algo muy importante cuando se tiene la responsabilidad por primera vez.

Por ejemplo, cuando ayudas a un estudiante más joven con su tarea. O preguntas en un refugio si puedes responsabilizarte por un perro. Tus padres también podrían ser felices si ofreces un poco de ayuda en casa o el jardín. Puede que incluso te aumenten la paga si notan que comienzas a actuar como todo un adulto.

Los amigos son importantes

Para muchos chicos, la pubertad es una época en la que sobreviven mejor con un mejor amigo o un grupo de amigos que solos. Las chicas hacen lo mismo. Salen con sus amigas, susurran, ríen y tienen sus pequeños secretos. Cuida de tus amistades y prueba cuán abiertamente puedes hablar con tus amigos sobre tus preocupaciones y necesidades. Eso ayuda cuando ya no sabes lo que te está pasando.

Sentimientos

Los chicos no lloran y los indios no conocen el dolor. Con esa convicción se criaban a los chicos en los viejos tiempos. En la época de tus abuelos, los sentimientos eran más bien "cosas de mujeres" o "cosas de chicas". Afortunadamente, ahora es diferente. La ciencia ha establecido, desde hace mucho tiempo, que los niños y niñas, hombres y mujeres, tienen sus propios mundos de sentimientos en los que viven.

Todo el mundo tiene los cinco sentimientos básicos:

-Miedo

-Asco

-Rabia

-Alegría

-Vergüenza

No dejes que nadie te diga lo contrario. Para comprender tus sentimientos, puedes llevar un diario de sentimientos. Simplemente, anota por las noches qué sentimientos del día puedes recordar. Si es posible, describe la situación en la que surgió la sensación. De esa manera, podrás conocerte mejor a ti mismo. Aprenderás a entenderte a ti mismo y a tomarte en serio tus sentimientos.

Por ejemplo, si te sientes avergonzado porque tu padre entra en el baño mientras te duchas, puedes pedirle que, en el futuro, llame primero y te deje solo en el baño. Todo el mundo tiene vergüenza y tiene derecho a ella. Si tienes dolor, no tienes que tragártelo, porque tienes una buena razón. Los hombres de verdad sólo son fuertes cuando se mantienen firmes y defienden sus sentimientos. Quien esté suprimiendo todo, eventualmente explotará o se enfermará. Aprende lo que te da placer y haz exactamente eso cuando no te sientas bien.

Chicas

Las chicas son geniales. Los chicos también lo son. Simplemente, no son iguales. Las chicas almacenan reservas de grasa, los chicos tienen músculo. Las niñas se convierten en mujeres y los niños en hombres. Las chicas se maquillan y quieren ser hermosas. Los chicos quieren ser fuertes.

La naturaleza ha creado estas diferencias. Quiere que los chicos encuentren a las chicas hermosas y viceversa. Así que se juntan y forman parejas que tienen hijos. Esta es la garantía de que la especie no morirá. Desafortunadamente, ya no vivimos en cuevas y la vida es un poco más complicada. No todas las personas quieren tener hijos y la gente puede sobrevivir por su cuenta hoy en día.

Sin embargo, la mayoría de los chicos desarrollan un interés en las chicas durante la pubertad. Cuando tienes tu primera novia, es una buena oportunidad para entender mejor lo que pasa con las chicas. Deja que te explique lo que le gusta y lo que no le agrada. Sé comprensivo cuando tenga dolor de vientre por su menstruación y no esperes que se comporte como una chica. Cuando los chicos y las chicas hablan abiertamente entre ellos, aprenden mucho unos de otros y la vida se vuelve aún más interesante. Usa esta oportunidad, porque más tarde te ayudará a conocer un poco cómo funcionan las mujeres.

También puede darse el caso de que un chico se enamore de otro chico. Eso no significa que sea gay. Pero si cree que las chicas simplemente no pueden estimularte o excitarte, ¿por qué no hablar de ello con alguien en quien confíes?

Responsabilidad

El tema de la responsabilidad ya se ha mencionado anteriormente. Antes, bastaba con que un chico tuviera brazos y piernas fuertes. Con ellos podía hacer trabajos pesados y mantener a su familia. Pero el mundo ha cambiado mucho. La inteligencia cuenta igual hoy en día.

Hoy en día, un chico está obligado a mantener sus manos lejos de las drogas y el alcohol. Vive en un mundo donde la fuerza debe ser demostrada una y otra vez. Pero al mismo tiempo, tiene que demostrar que ya es lo suficientemente maduro para cuidarse solo, para asumir la responsabilidad de sí mismo. Por lo tanto, es mucho más varonil decir "no" que hacer siempre lo que los demás quieren.

Ahora empiezas a decidir por ti mismo lo que es bueno para ti y lo que no. Al hacerlo, también desarrollas una comprensión de lo que está pasando en otras personas. Puedes sentir empatía. Es entonces cuando aprendes a pensar en ti mismo y en los demás de la misma manera. El deseo de no sólo pensar siempre en uno mismo puede desarrollarse durante la pubertad. Esto es importante si alguna vez quieres tener una esposa e hijos. La pubertad es el mejor momento para aprender a ser responsable de ti mismo y de los que son importantes para ti.

Sueños futuros

Muchos chicos tienen sus primeros sueños de su propio futuro durante la pubertad. Algunos ya saben lo que les gustaría hacer más adelante para ganarse la vida. Vale la pena anotar sus ideas y pensamientos en un diario. A veces, es mejor guardarse estos sueños para uno mismo. Se permite soñar. Sin embargo, en ocasiones, los padres y amigos pueden reaccionar con burla si tus sueños no son entendidos por ellos. No te desanimes. Puedes convertirte en un excelente médico, bailarín, peluquero o cualquier otra cosa que quieras ser, si sólo crees en ti mismo.

Sólo haz un plan de tu futuro. Piensa en cómo quieres vivir y trabajar. ¿Qué hay del deseo de tener tu propia familia? No tienes que hacer tus planes de inmediato. Es más fácil vivir cuando tienes una meta en mente.

¿Cómo deben tratarse los chicos?

Cuando estás agobiado por todos los cambios físicos y emocionales, a veces puedes querer cubrirte la cabeza con tu manta y esperar hasta que todo haya terminado. Pero eso no tiene sentido, porque tú eres el protagonista principal de tu pubertad. Sin ti, nada funciona. Hasta ahora, tus padres probablemente te han cuidado bien y se han asegurado de que no te falte nada. Pero todo eso está cambiando ahora. Tu cuerpo se está convirtiendo en tu propia responsabilidad. Por lo tanto, es importante conocer tu cuerpo y averiguar lo que necesitas para mantenerte sano y en forma.

Cuidado del cuerpo

La higiene personal durante la pubertad es un asunto delicado. Hasta ahora, probablemente podrías hacer un lavado de gato de vez en cuando y aún así sentirte cómodo. En la pubertad, las cosas cambian. Tus glándulas sudoríparas producen más sudor que antes. Además, tu sudor huele diferente al de los niños pequeños. Tu sudor ahora contiene sustancias que huelen fatal cuando entran en contacto con el aire. Así que necesitas un buen desodorante y, lo que es más importante, debes lavarte o ducharte a fondo al menos dos veces al día. Tus pies también podrían convertirse repentinamente en verdaderos pies sudados. Los baños de pies regulares, zapatos abiertos y calcetines frescos todos los días pueden ayudar a controlar el olor desagradable.

¿Cómo se limpia el cuerpo?

El vello que crece en la pubertad también recoge el sudor. Así que asegúrate de limpiarte muy bien de pies a cabeza. Esto debería estar en tu agenda diaria. Una ducha completa es especialmente importante después de hacer ejercicio. Si quieres cuidar tu piel para sentirte bien, puedes usar una loción para la piel o un aceite corporal suave después de la ducha.

El rostro necesita un cuidado especial

Durante la pubertad, se desarrollan pequeños granos y espinillas en la cara. La mayoría de la gente se siente incómoda con esto y temen que ya no sean hermosos. Lo que necesitas ahora es un tratamiento facial especial. Hay muchas gamas de productos para el cuidado de la piel que no tienen por qué ser, necesariamente, costosas. Pero asegúrate de que son especialmente adecuados para los jóvenes. Los productos equivocados pueden resecar la piel. Esto lleva a la picazón.

Por la mañana y por la noche necesitas una leche limpiadora suave o un tónico suave. Si un grano se ve demasiado rojo y peligroso, puedes usar un corrector.

Pero deberías practicar bien esto, ya que después de todo no quieres verte maquillado. Muchas personas también se benefician de un peeling o exfoliante que se utiliza regularmente para limpiar los poros.

Tus padres o un asesor de la farmacia pueden darte consejos detallados. Si la piel se vuelve demasiado impura, esto se llama acné patológico. En ese caso, una visita al dermatólogo te ayudará. Bajo ninguna circunstancia debes intentar rascarte o apretarte los granos, pues esto produciría inflamación y cicatrices. La limpieza regular es esencial para tu piel durante la pubertad.

El pene también requiere ser lavado

Probablemente, ya sepas que tienes que tirar del prepucio hacia atrás para limpiar el pene por debajo. Esto también es cierto en la pubertad y más tarde como hombre. Si no se lava el pene a diario, se desarrollarán malos olores y bacterias. Estas bacterias no son saludables para ti. También pueden enfermar a las mujeres durante las realciones sexuales.

El cabello también está en la cabeza

No sólo la cara, sino también el cuero cabelludo puede volverse más grasiento cuando las hormonas se vuelven locas. La mayoría de los chicos usan un gel de ducha adecuado para la piel y el cabello. Pero esto no siempre es bueno para tu cabeza. Habla con un peluquero sobre qué champú usar para que tu cabello no se vea desordenado y grasoso.

Nutrición

El chocolate es delicioso. La comida rápida es fácil de consumir y las patatas fritas están muy ricas. Pero tu cuerpo necesita mucho más de lo que puedes tomar en la comida rápida de la tienda del kebab. De vez en cuando, deja que la razón se anteponga a la comodidad

La Sociedad Alemana de Nutrición recomienda comer cinco porciones de frutas o verduras al día. Una manzana y un plátano al día, dos vasos de zumo de frutas y una comida con verduras no es mucho. Deberías ser capaz de manejar eso. Asegúrate de que sigues las reglas para una alimentación saludable. Las bebidas azucaradas contienen demasiadas calorías y atacan a los dientes. Además, el exceso de azúcar también te hace sentir cansado y débil. Tal vez puedas usar una bebida de cola o similares como recompensa por una buena tarea o una buena nota en el examen. De esa manera, intentarás por todos los medios ser bueno en la escuela.

Los dulces no deben estar en el menú todos los días. Haz tus propias reglas. Pronto notarás que tu confianza en ti mismo crecerá si puedes seguir tus propios planes.

Durante la pubertad, demasiadas calorías pueden hacer que aumentes de peso. Las patatas fritas, las bebidas energéticas y las hamburguesas deben considerarse excepciones. Asegúrate de que sigan siendo la excepción, porque si engordas demasiado en la pubertad, no te gustarás a ti mismo después y eso causará más problemas de los necesarios.

Prevenir los trastornos de la alimentación

Probablemente has oído el término "trastornos de la alimentación". Estos trastornos pueden consistir en que alguien coma demasiado o muy poco. Algunas personas se mueren de hambre porque se sienten gordas. Otros comen demasiado por aburrimiento o por estrés.

Obsérvate a ti mismo. Si sientes que la dieta no te está funcionando, habla con tus padres o con un médico al respecto. Los trastornos alimenticios raramente desaparecen por sí solos. Pueden llegar a ser una carga para tu vida durante muchos años, incluso cuando la pubertad ya ha pasado.

En cualquier caso, mantén tus manos lejos de las dietas. Aún estás creciendo y bajo ninguna circunstancia debes negarle a tu cuerpo nutrientes importantes. De lo contrario, esto podría conducir a trastornos y alteraciones en tu desarrollo físico.

Alcohol, drogas y otras sustancias

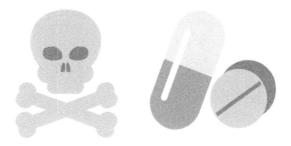

Desafortunadamente, algunas personas todavía piensan que los hombres fuertes deben beber regularmente cerveza y licor o incluso tomar drogas. Pero las sustancias adictivas como el alcohol, los cigarrillos o las drogas no son masculinas. Tomarlas no es un signo de fuerza, sino de debilidad. Cualquiera que tenga que demostrar su fuerza masculina con un cigarrillo o una cerveza son personas bastante débiles. Los hombres de verdad pueden cuidar de su salud. Deberías responder a cualquiera que intente seducirte para que fumes o bebas, aunque sea tu propio abuelo. ¡Sé fuerte, mantente alejado de las sustancias adictivas nocivas para la salud!

Deportes

El deporte siempre es bueno. En la pubertad, los brazos y las piernas se alargan y la interacción de los miembros no siempre funciona al principio. El deporte puede ayudarte a aceptar tu nuevo cuerpo más rápido y a sentirte cómodo con él.

Muchos chicos encuentran en el deporte una forma de compensar las confusas emociones y sentimientos de la pubertad. La ira y la tensión desaparecen por la práctica del deporte. Esto es mejor que golpear el puño contra la mesa o dar un portazo. Piensa en qué tipo de deporte te gustaría. Hay deportes que se practican en equipos. Estos son capaces de forateler el espíritu de equipo y, a veces, se forman lazos muy fuertes de amistad. Casi todos los deportes de pelota, como el baloncesto, el balonmano y el fútbol, son parte de ellos. Aun así, también el atletismo, el boxeo o las artes marciales son muy saludables y pueden ayudarte a deshacerte del estrés. Los centros de fitness o gimnasios y los deportes extremos como el salto en bungee, probablemente, no son adecuados para los chicos de tu edad. Pero el peor deporte son los juegos de ordenador.

Relajación

Al igual que los sentimientos, la relajación es a menudo descartada porque es considerada una cosa de chicas. Y, de hecho, se encuentran muchas más chicas y mujeres en cursos de relajación o grupos de meditación que hombres. Pero esto no es porque los hombres no necesiten relajarse, sino porque muchos hombres tienen miedo de mostrar debilidad. No quieren admitir que tienen estrés.

Desafortunadamente, los hombres hablan de sus sentimientos con menos frecuencia que las mujeres. Los sentimientos son muy importantes para todos. Lo que sentimos nos impulsa. Cuando somos felices, vemos el mundo positivamente y tenemos poder, nos sentimos fuertes. Cuando tenemos miedo, perdemos poder y fuerza, y apenas podemos concentrarnos. Si eres consciente de tus sentimientos, puedes protegerte de hacer cosas que no deseas.

Imagina que estás enfadado y no te das cuenta. En algún momento, la ira en tu alma se vuelve tan grande que simplemente estalla. Entonces tal vez le grites a tu mejor amigo o arrojes tu smartphone a una esquina y se rompa.

Es mucho mejor reconocer tu ira a tiempo y ser capaz de hablar de ella. Esto te ahorrará muchos problemas contigo y con los demás. Con la alegría no es diferente. Si estás feliz por una invitación a la fiesta de cumpleaños de un compañero, pero no puedes admitirlo, puede que no vayas. Entonces podrías perderte una gran fiesta o incluso tu primer beso.

El miedo es otro sentimiento del que un chico debería ser consciente. Tal vez no hagas ejercicio por miedo a no ser lo suficientemente fuerte. Al final, terminarás haciéndote daño con eso. O tal vez tienes miedo de rechazar el alcohol y los cigarrillos. Terminarás haciéndote daño.

Para afrontar tus sentimientos, debes estar relajado. Esto hará que puedes concentrarte en ti mismo y en el momento que es ahora. La mayoría de las veces nuestro cerebro está distraído. Pensamos en el hermoso fin de semana y planeamos el siguiente. Nos preocupamos si nuestra tarea es lo suficientemente buena para mañana y tememos que alguien pueda notar el caos en nuestra habitación. Nuestros pensamientos cambian de un tema a otro y no encontramos la paz. Hay muchos buenos ejercicios que son adecuados para la relajación. Por ejemplo, podrías no pensar en nada durante unos minutos y observar tu respiración. Sólo inténtalo. Funciona bastante rápido. También puedes imaginarte cómo la sangre fluye desde tu corazón a través de todo tu cuerpo. Esto te ayudará a encontrar la paz y a percibir mejor tus sentimientos. Por cierto, estos ejercicios también ayudan antes de un examen o de que tengas que exponer un trabajo de clase.

¿Cómo se comportan las chicas?

Cuando llega la pubertad, la mayoría de los chicos empiezan a interesarse por las chicas en algún momento. El primer amor suele ocurrir en esta época e incluso hay parejas que se encuentran en esta etapa y pasan toda su vida juntos. Para que un chico se divierta con una chica, debe saber más o menos cómo se comportan las chicas.

Las preocupaciones y alegrías de las chicas

La mayoría de las chicas quieren un chico que las escuche y con el que puedan reírse. Eso es un desafío para un chico. A menudo tienen chistes mucho más duros que las chicas. Las chicas entonces se alejan rápidamente. En ocasiones, parecen más sensibles que los chicos y, por lo tanto, no deberías tratar a una chica como a un amigo. La mayoría de las chicas buscan un compañero que también dé más conversación que cosasde fútbol. También les gusta que les dediques tiempo. Las chicas quieren sentir que son importantes y que significan algo para el chico.

La amistad y el amor

La pubertad y el primer amor, de alguna manera, están juntos para la mayoría de los chicos. Las niñas llegan a la pubertad más rápido. Por eso, los chicos suelen ser mayores que sus novias. Las chicas buscan a un chico mayor porque ya está un poco más desarrollado que un chico de su misma edad. Eso no tiene por qué molestarte. No tienes que seguir el ritmo de los chicos mayores. Si te gusta una chica, deberías demostrárselo. Pregúntale sobre sus hobbies y establece una pequeña charla con ella. Cuanto mejor os conozcáis, más alegría podréis experimentar juntos. No tienes que presionarte a ti mismo. Los besos y los abrazos no son obligatorios. Sólo sé tú mismo y habla con ella abiertamente. No dejes que otros chicos te influyan. A menudo los chicos se jactan de lo que ya han hecho con sus chicas. Presumir es, de alguna manera, parte de la pubertad. Relájate, los otros no están más lejos que tú.

Si realmente te preocupas por tu chica y sientes mariposas en el estómago, entonces ambos encontrarán el ritmo adecuado juntos.

Conflictos durante la pubertad

En la pubertad, no todo es tan pacífico como en la infancia. Incluso puede haber verdaderos problemas. El mayor riesgo es entre tú y tus padres. Durante la pubertad, un chico forma su propia opinión sobre el mundo y su vida. Los padres suelen tener puntos de vista completamente diferentes a los de sus hijos. Si antes te gustaba ir a las reuniones familiares, las cosas pueden cambiar de repente. Puede que hayas sido un estudiante diligente, pero en la pubertad, las malas notas son un verdadero problema. Eso es normal. Todavía es difícil. Los padres se cansan cuando llegan a la pubertad. Quieren que limpies tu habitación, pero prefieres relajarte.

Si discutes con tus padres, te sentirás aún peor. A veces, tu conciencia te atormenta durante días y no te recuperas. Es una fase que nadie puede evitar. Ahora estás empezando a ponerte en pie por ti mismo. Pero tus padres temen por ti de vez en cuando. Quieren y necesitan enseñarte muchas cosas que necesitas como adulto. Cosas estúpidas como la autodisciplina y la responsabilidad están entre ellas. Pero tu vida en la pubertad ya es bastante agotadora. Sólo quieres que te dejen en paz. Pero también está claro que amas a tus padres. También sabes que te quieren.

Si quieres hacer este tiempo más fácil para ti, entonces piensa en un diario. Es reconfortante poder usar tu diario para confiarle lo que está pasando. Nadie leerá el diario y es muy reconfortante. Puedes usarlo para hablar, despotricar, regañarte a ti mismo y soltarlo todo.

Además, debes saber que tus padres no te critican para molestarte. Realmente quieren que lo hagas bien. Cuando tengas un hijo más adelante, lo tratarás de la misma manera que te tratan a ti. Habla con tus padres. Ten un poco de comprensión para ellos y un poco de comprensión para ti. Tenéis que pasar por esto juntos. Cuando lo hagas, serás un adulto y tus padres estarán orgullosos de ti. Si sigues luchando todo el tiempo, no va a ser más fácil.

La escuela también puede ser una fuente de conflicto. Los profesores no siempre son comprensivos. Tu rendimiento puede deteriorarse a medida que tu cerebro crece. Vigila el desarrollo de tu vida escolar. En la pubertad, existe el peligro de perderse mucho en ella. Esto nunca suele tener un buen final. Una tutoría, los grupos de estudio o una camarilla en la que se puedan ayudar mutuamente son buenas maneras de mantenerse enfocado en la escuela.

Palabras finales

Querido adolescente,

Muchas gracias por leer este libro. ¡Te deseo una pubertad que recuerdes con gusto más adelante y una vida emocionante como hombre adulto!

Derechos de Autor

Made in the USA
Las Vegas, NV
15 June 2024

91062945R00039